JN437372

통일조국,
민족의 대광장 위에

통일조국,
민족의 대광장 위에

초판 1쇄 인쇄 2012년 3월 10일
초판 1쇄 발행 2012년 3월 15일

지은이 | 공영호
펴낸이 | 金泰奉
펴낸곳 | 도서출판 띠앗
등 록 | 제4-414호

편 집 | 김주영, 김수정, 이혜정
마케팅 | 김영길, 김명준
홍 보 | 김태일

주 소 | (우143-200) 서울시 광진구 구의동 243-22
전 화 | (02)454-0492(代)
팩 스 | (02)454-0493
이메일 ddiat@ddiat.co.kr
홈페이지 www.ddiat.co.kr

값 6,000원
ISBN 978-89-5854-088-5 (03810)

통일조국,
민족의 대광장 위에

著者 孔英浩

도서출판 띠앗

머리말

저자(著者)가 어렸을 적에 조부(祖父)님이 친지(親知) 분들과 벗하시며 한시(漢詩)를 지으실 때 연적(硯滴)에 물도 담아 드리고, 벼루에 먹도 갈아 드리던 추억과 더불어, 두고 온 고향(故鄕)을 그리워하는 아련한 동경(憧憬)에서 우러나오는 통일에 대한 열망(熱望) 등이 보태어져서 은연중 시문(詩文)을 써보게 되었다.

그러나 막상 시문집(詩文集) 발간에 즈음하고 보니, 저절로 떠오르는 스스로의 상념(想念)들을 글로 표현한 순수한 마음에는 부끄러움이 없으나 시(詩) 쓰는 방법을 배우지 못한 점은 솔직히 부끄러울 뿐이다.

다만 뉘라도 끝까지 인내하며 음미해 주신다면 참으로 그 시심(詩心)이 깊다 아니할 수 없을 것이다.

글쓴이 孔英浩

목차

1부

통일의 대광장 위에
민족의 꿈이 커 가고
배달겨레의 영명한 예지가 빛난다
찬란한 문화가 피어난다

통일 조국, 민족의 대광장 위에

늘 푸른 저 하늘
싱그러운 이 강산에
드높은 민족의 정기가 무한하다

각고의 시련 뒤
대담한 협동으로
이제 제몫을 다해 내는
통일조국, 민족의 대광장 위에
긍지로운 겨레의 오늘과 내일이 함께한다

거대하게 인내로운 민족의 역사
온통 주위에 크나큰 나라들을 거느리는 노력은
어차피 클 수밖에 없었다

위대한 통일조국

받들 줄 알고, 보살필 줄 아는 사랑의 힘

앞서며 밀어주며 신뢰의 마음 모아
이곳
정말
살기 좋은 곳으로 만들어
세계와 더불어 평화를 다스리자

통일의 대광장 위에
민족의 꿈이 커 가고
배달겨레의 영명한 예지가 빛난다
찬란한 문화가 피어난다

우리는
우리의 말
우리의 글
우리의 얼이 있는
자랑스런 단군의 후예다

조용한 아침의 나라
고웁도록 피어나는 아름다움이 온 누리에 가득하고
오늘도 고요한 새 아침은 밝아온다

민족의 대광장 위에
따사로운 겨레의 정이 대지 곳곳에 충만하며
싱싱한 민족의 기상이 자유의 나날 속에 영원하다

이 땅에 사는
너와 나, 우리는
모두 하나다

역사의 어제를 같이하고
믿음의 오늘을 같이하며
희망의 내일을 같이하는
하나다

우리의 착한 심성과 드넓은 지혜, 그리고
끈질긴 힘이 우리 모두를
훌륭한 세계인의 삶으로 이어주는 것이다

우리의 아들과 딸들은
영광된 통일조국 속에서
무궁한 기쁨에 잠긴다

위대한 민족은
태어나지 않고
되어 나가는 것이다

자랑스런 조국은
주어지지 않고
이루어 나가는 것이다

영원한 전쟁에도 이길 수 있는 힘
영원한 평화를 누릴 수 있는 길이다

이에
우리가 있고
세계도 있는 것이다

민족의 화합소리
겨레의 전진소리
진정한 조국의 소리다

늘 푸른 저 하늘
싱그러운 이 강산에
드높은 민족의 정기가 무한하다

태극기(太極旗)를 경배(敬拜)하며

영원한 평화와 자유를 표상(表象)하는
밝고 순수(純粹)한 순백(純白)의 바탕 위에

우주 삼라만상(森羅萬象)의 근원인
태극(太極) 일원(一元)의 도형(圖形)이
끝없는 소용돌이 청홍(青紅) 양의(兩儀)의 문양(紋樣)으로
중앙에 든든히 자리 잡고
음(- -)양(—) 양효(兩爻)가 조화롭게 배열된 역(易)의 팔괘(八卦) 중
천(天), 지(地), 일(日), 월(月)과 금(金), 토(土), 화(火), 수(水)와
인(仁), 의(義), 예(禮), 지(智)를 뜻하는
건(乾 ☰), 곤(坤 ☷), 이(離 ☲), 감(坎 ☵)
중추사괘(中樞四卦)가 상좌, 하우, 하좌, 상우로 태극을 감싸 돌며
자연과 인간사회의 무궁한 변화와 운행(運行)의 형상(形狀)을 상징하니
이것이 바로 대한민국(大韓民國)의 국기(國旗)인 태극기(太極旗)라!

우리 모두 경배(敬拜)하고 우러르며
애국심(愛國心)을 다짐하는 자랑스러운 태극기다

성정(性情) 순결(純潔)한 백성(百姓)들이 함께 뭉쳐
민주공화국 대한민국을 이루나니
광대한 자유와 공평한 기회 속에
능력과 특성을 최대한 발휘하여
성공과 성취를 마음껏 향유(享有)케 함으로써
나라의 발전과 부강을 이룩하고
문명발달과 문화진흥을 항구히 촉성(促成)하여 나가되
권익과 의무를 공정(公正)하고 조화(調和)롭게 치정(治定)하여
엄정(嚴正)한 상호견제(相互牽制)의 규율과
건실한 상부상조(相扶相助)의 호혜(互惠)로
사회 정의와 평화를 지혜롭게 구현(俱現)하면서
온 나라와 만백성이 광명(光明)과 복덕(福德)을
대대로 누려 나가란 뜻이 담겼도다

천지(天地), 일월(日月), 수화(水火)가 음양(陰陽)으로 나뉘면서 하나이고
주야(晝夜), 호흡(呼吸), 생사(生死)가 음양으로 나뉘면서 하나이듯
태극(太極)도 좌우(左右) 음양 2기(二氣)로 나뉘면서 하나로 어우르매

협동하고 단결하면 상생(相生)하고
상충하고 분열하면 공멸(共滅)하며
순천자(順天者)는 존(存)하고 역천자(逆天者)는 망(亡)하면서
흥망성쇠와 생장소멸이 끊임없이 순환하는
영묘(靈妙)한 이치(理致)가 가없이 신비(神秘)하도다

동서남북 풍습은 어딜 가도 색다르나 인정(人情)이 은근하고
춘하추동 절기(節氣)는 바뀌어도 의리(義理)는 의연(毅然)하며
남녀노소 역할은 서로마다 제 다르나 예절(禮節)이 올바르니
민족정기(民族精氣)가 영구불변 이어지고
국태민안(國泰民安)이 상존하여
국위(國威)와 국력(國力)이 세계의 중앙에 자리하란 징표(徵表)일세

우리 모두
진리(眞理)가 무진(無盡)하게 담겨 있는
숭고(崇高)하고 존엄(尊嚴)한 태극기를
경건하게 경배하며

세계의 평화와 발전에 당당히 앞장서는
강력한 나라 되도록
인류의 자유와 행복에 흔연히 기여하는
위대한 국민 되도록

마음 깊이
뜨겁게 뜨겁게 새겨 보자!

무궁화(無窮花)

무궁 무궁 무궁화
일편단심 무궁화야!

촘촘한 나뭇가지 사이 사이로
감춘 듯 내노란 듯
청초롭게 피어나는 너의 얼굴

수줍은 새아씨 닮고 닮아
곱디곱구나
어여쁘구나

날마다
싱싱한 진초록 둘러 입고
살포시
살포시
내어민 너의 모습

이리 보아도
저리 보아도
너에게 담긴 뜻은
은근과 끈기로구나

피면 지고
지면 펴서
무궁화더냐?

천년만년
일편단심 무궁하니
무궁화구나!

봄

봄, 봄, 봄
봄이로구나!

누구라도 누구라도
그냥 보고 싶고

어디라도 어디라도
마냥 가고 싶은

봄!

만물이 서로 서로
반갑게 인사하고
새로움을 축복하는
신(神)의 계절

봄이 아니런가!

몸으로
맘으로, 그리고
봄으로
봄을 느끼니

아!
역시
봄은 봄이로구나!

봄을 기다리는 마음

이제 정말
봄은 왔는가?

모두가
겨우내
그토록 기다리던 봄

반갑게 오는가 싶더니
어느새 여름이 아닌가!

당장 좇아가 붙잡아 보고도 싶다만
하마 쭉쭉 뻗어나는 더위에 밀려
저 멀리 훌쩍 가버리니

이렇게
어물쩍
또 한 해가 가려나 보다

반상(盤上)의 삼김우정(三金友情)

一金 : 이보게나, 여기 바둑 두던 사람 어디 가셨나 좀 알아봐 주시게. 원, 이렇게 두다가는 해 다 저물겠네.

二金 : 어허, 이 사람 왜 이리 보채나 보채기는. 자네가 하도 급소(急所)를 잘 치고 들어오기에 내가 장고(長考)를 한번 해보았네. 자, 그럼 내 수(手) 받게나.

一金 : 아차! 벌써 패(覇)를 쓰는 것은 정석(定石)이 아닐세 그려. 자네 꼼수 같은 이 꽃놀이패 한번 물려줄 수 없겠나?

二金 : 일수불퇴(一手不退)일세. 내 눈에는 묘수인데 자네 눈에는 꼼수로 보인다니, 이제 자네 기력(棋力)도 다 되었나보이. 불계(不計)가 될 듯하니 승산 없음 그만 돌 던지시게.

一金 : 원, 별말씀을 다 하시네. 중반 승패야 병가상사(兵家常事) 아니겠나, 용호상박(龍虎相搏)의 겨룸 속에 종반 판세는 끝내기까지 해보며 재보기로 하고, 자네 받으시게.

二金 : 이런 쇠고집 보게나. 그나저나 자네는 집도 짓지 않고 대해권(大海權) 장악에만 잔뜩 욕심이 들어 자충수만 날리면서 보리바둑을 두는 것을 보니 자못 딱하게 여겨지네. 지금부터라도 나를 형님이라 불러주면 내가 한 판 양보할 수도 있네만,

어떠신가?

一金 : 이 사람아, 우리 양반가문에서 족보를 어찌 바꾸겠나. 그러는 자네야말로 4귀 생(生)한 뒤 통어복(通於腹)하려는 속셈으로 모서리에서만 그렇게 꼼지락거리지 말고 고수(高手)면 고수답게 중앙에서 한판 붙어보세 그려. 겁나서 정 나오기 싫으면 차라리 내가 곱게 져줄 테니, 자네가 내 조카 하지 않으려나?

二金 : 거참, 또박또박 말대꾸나 안 하면 밉지나 않겠네.

三金 : 허허! 이 양반들 가만 보자 하니 뭔 바둑을 입으로 두고 있네 그려. 수신(修身) 삼아 판을 잡은 터에 애들같이 토닥거리지만 말고, 기계(碁界)의 대가(大家)답게 불후(不朽)의 기예(碁藝)를 수놓아 보시게나. 회전목마(回轉木馬) 같은 인생여정(人生旅程) 중에 소국(小局)의 승패가 뭐 그리 대수인가. 우리들은 평생을 호선(互先)으로 상쟁(相爭)하면서 상제(相濟)해 온 맞수 기객(碁客)이기 이전에 한 시대를 같이 어울러 온 단 한 번 인생의 참벗이 아니겠는가?

一金 : …맞소. 자넨 수담(手談)만이 아니라 언담(言談)마저 나보다 상수일세.

二金 : …아무래도 자네 덕에 우리가 풍운지회(風雲之會)를 만나지 않았나 싶네 그려.

三金 : 자아, 괜한 소리들 하지 말고 명리(名利)를 초월하여 기단(棋壇)에 길이 남을 훌륭한 명국(名局)이나 두어 보시게.

一金 : 암, 그래야지.

二金 : 그리하세, 우리 모두 무심(無心) 속에서 무궁무진의 반면세계(盤面世界)를 멋지게 마무리해 나가세.

三金 : 계가(計家)를 마치고 잠시 둘러앉아 약차나 한잔 마시면서 희비(喜悲)건 시비(是非)건 훌훌 털어낸 뒤, 비좁은 반상(盤床)의 쟁토(爭土)를 벗어나 명인(名人)끼리 진정으로 힘을 합쳐 동서(東西)의 장막(帳幕)을 걷어냄으로써 후일 남북 융화기반(融和基盤)이 든든하게 조성되도록 유종지미(有終之美)를 거두어 보세.

一金 : …그러세. 천명(天命)이 다할 때까지 위민위국(爲民爲國)해 보겠네.

二金 : …동감일세. 우리 다함께 후학(後學)들에게 좋은 귀감(龜鑑)이 되어 보세.

운무(雲霧)

첩첩산중
사방을 둘러보니
계곡마다 그득히 운무 노닐고

이곳 저곳 새벽의 고요만 크게 들린다

산마다 계곡마다
산자락 산마루에
운무 넘실대니
산이 떠 있는지, 운무가 떠 있는지
가늠키 어렵구나

우뚝 우뚝 솟은 산
수줍은 듯
반쯤만 운무로 가리운 채
싱싱한 알몸을 허리 위로 드러내니
청신하기가 이를 데 없구나

신선(神仙)이 사시는 곳 훔쳐본 듯
가슴이 두근두근

운무 어우르고 어울러
골짜기 굽이굽이
머무른 듯 떠 있는 듯 부드럽게 자리 잡은
저 풍치(風致)
참으로 은근하구나

산과 산
허리허리 둘러 감고
둥실 둥실 춤을 추는 운무의 심연(深淵)에
깊은 사연이라도 담겨 있는 듯
신비와 적막이 충만하구나

계곡 속의 밀담(密談)이 궁금하여
운무 안에 들어서면

운무가 안개 되니
밖이 안 보이고

운무 속에 감도는 태초(太初)의 적막이 두려워서
밖으로 나와 보면
운무가 구름 되니
안이 안 보이네

깊은 계곡 보금자리 쉬었다 가려는지
산천초목 바람소리 개울소리 진무(鎭撫)하러 왔었는지
아련한 그 사연을 슬며시 짚어볼
길이 없구나

산속에서 태어난 운무인지 아닌지
하늘에서 내려온 운무인지 아닌지
은밀한 제 역사를 쉽사리 헤아릴
길이 없구나

운무(雲霧)

산골마다 편안히 들어앉아
떠날 줄을 모르더니

봉우리 넘어 넘어 햇살이 달려오고
산골짝 아래 위로 바람이 다다름에

어느덧
손에 손을 잡고 먼 나들이 떠나듯
흔적 없이 소리 없이 홀연히 사라지니

이 산(山), 저 산(山)
산기운 새롭고
산세(山勢)마저 산뜻하네

아하!
산 기운은 이렇게

다시
또다시 새로워지나 보다

운무(雲霧)
인연(因緣) 따라 너울너울 먼 길 떠났다가
때맞추어 또 오련만

산중(山中) 장관(壯觀)
그 모습만
두고두고 아련히
눈에 어린다

2부

바다 온통
내 눈 안에 가득하고
바닷바람 내 몸을 감아 도니
이내 마음
출렁이는 바다 되어
멀리멀리 한없이 퍼져 가네

바다

바다 그리워
나는 또 왔네

저 바다 보고 싶어
나는 또 왔네

언제 보아도
어디서 보아도
드넓은 망망대해(茫茫大海)
바다여, 저 바다여!

내 마음 저렇게 바다처럼 넓고 싶어
여기 또 왔네
내 기상 바다같이 항상 푸르고자
나는 또 왔네

바다 온통
내 눈 안에 가득하고
바닷바람 내 몸을 감아 도니
이내 마음
출렁이는 바다 되어
멀리 멀리 한없이 퍼져 가네

끊임없이 밀려오고 쓸려나가는 파도의 끝자락마다
“철썩~” 하고
“쏴아~” 하며
연이어 들려오는
바닷소리 파도소리

옛날 옛날 아주 옛날
조상님의 고향에 찾아온 듯
내 마음을 편안하게 달래 주네

저 멀리 넘실대는 물너울을 한없이 바라보며
무심과 무심 속에
세월을 뛰어넘네

어머님 마음같이
넓디넓은 저 바다는
물마루 넘나드는 뱃고동 우는 소리
희뿌얀 뱃길 따라 군무(群舞)하는 갈매기 울음소리
모두 모두 담아 담네

저 바다 보고 싶어
나
예서 살리라

파도소리 듣고 싶어
나
예서 살리라

한강 예찬

한반도의 허리를 감아 도는
생명의 원천(源泉)
한강이여!

넓고 깊은 수심(水深) 속에
고요히 숨을 쉬는 그대
자연의 신비가 아름거리는구나

조국의 번영을 지켜주는
역사의 기원(起源)
한강이여!

길고 긴 흐름 따라
살아서 움직이는 그대
충만한 젊음이 넘실거리는구나

유유히 흐르는
나라의 혈맥(血脈)
한강

굽이 굽이 흐르는
기적의 상징
한강

흐름과 흐름 속에
나라의 어제와 그리고
내일이 담겨 있고

백성의 슬픔과 그리고
기쁨이 담겨 있다

강이여,
강이여!

시작은 어드메며
끝은 어드메냐?

시작은 알아도 돌아갈 수 없고
끝은 몰라도 아니 갈 수 없으니
시작은 알아서 무엇하며
끝은 알아 무엇하랴마는

생명의 물줄기
하늘에서 산으로, 강으로, 바다로 흘러내리고
바다에서 하늘로 솟아오르려니와

시작이 끝이요
끝이 시작이니
자연의 오묘함이
끝간 데가 없노라

산위에서 들녘에서
소소로운 수만 갈래 시냇물이
인연 따라 이리 저리 만나면서
뭉치고 어울리며
더불어 흐르노니
그대
너그러움이 그득하구나

사시사철 주야간을
끊임없이 쉬임없이 흘러가면서
갈수록 갈수록
스스로를 낮추며
드넓게만 흐르노니
그대
겸허로움이 그득하구나

돌 바위 부딪치면 돌아가고
구릉 마루 막히면 넘어가면서
멈춤도 다툼도 없이
앞서거니 뒤서거니
의연히만 흐르노니
그대
슬기로움이 그득하구나

생명과 건강도 그대와 더불고
풍요와 번영도 그대와 더불었으니

이 나라
이 백성
감사함이 그칠 리 없으리라

아름다운 여인의 춤사위같이
휘감아 흐르는

한강의 저 자태(姿態)여!

늠름한 젊은이의 기상(氣像)같이
힘차게 흐르는
한강의 저 웅자(雄姿)여!

하나로다
하나로다

동서남북
산천초목과 더불어 다 같이 하나로다

한강이여, 한강이여
흘러 흘러
흔적 없는 한강이여

조국의 어제를 아는가 모르는가?

한강이여, 한강이여
돌고 돌아
맺힘 없는 한강이여

백성의 내일을 아는가 모르는가?

그대
생명의 원천, 역사의 기원
한강이여
이 나라 온 백성과 더불어
영원히 무궁하리라!

그대
나라의 혈맥, 기적의 상징
한강이여
삼천리 금수강산과 더불어
영원히 다함 없어라!

젊음 예찬

젊음은
가꾸지 않아도 저절로 피어나는 아름다움이요
감추려 하여도 스스로 우러나는 싱싱한 자연이다

젊음은
그래서
그냥 그대로가 더 좋은 것인가 보다

살다 보면 누구나 한번은 가져보는 것
그러나
누구라도 영원히 가질 수는 없는 것

젊음은
그래서
더 귀중한 것인지도 모른다

젊음은
드높은 창공처럼 무한한 희망이요
드넓은 바다처럼 끝없는 설렘이니

젊음엔
뜨거운 열정과 찬란한 미래가 있어
괴로움도 슬픔도 젊음에 파묻혀 기쁨으로 승화되고
두려움도 걱정도 젊음이 우러날 때 용기로 밝아진다

미래에 대한 도전이 있는 젊음은
반드시
결실의 응전을 언젠가는 받는 법

그래서
'젊어서 고생은 사서도 한다'는 말
언제나 진리로 남아 있다

젊음엔
사랑이 담겨 있다
자연이 담아 준 소중하고 향기로운 선물인
사랑이 담겨 있다
젊음의 마음이 사랑스러울수록 젊음은 더욱 더 진해진다

젊음은
젊음을 잊고 지낸다
아마도 언제까지나 젊음이 지속되는 줄 믿기 때문인가 보다

젊음은
무엇을 먹어도 소화시키듯
무엇을 배워도 소화시킨다

젊음엔
고뇌와 사색이 따라다닌다
고뇌를 이겨내는 젊음은 몰라보게 성숙하며

사색에 몰입해 본 젊음은 지혜를 터득하게 된다

젊음은
정의를 보호하는 힘이니
젊음이 정직할 때 진정한 힘이 솟으며

젊음은
삶의 기틀을 마련하는 양심이니
누구나 젊음을 믿으려 한다

그래서 힘과 양심이 없는 젊음은 이미 젊음이 아니다

그러나
젊음엔
미숙함이 곳곳에 배어 있다
완숙을 향해 가는 풋풋한 미숙이 있기에
젊음은 더욱 싱그럽다

실수나 실패도
성취와 성공을 향해 나아갈 때는
향상과 영광의 길이 되지만
나태와 방종 속에 들어 있을 땐
쇠락과 수치만 되고 만다

젊음은 즐거운 것

내일은 바라만 보아도 즐거웁고
어제는 돌아만 보아도 즐거우며
오늘은 있기만 하여도 즐거웁다

친구 따라 즐거웁고
노래 따라 춤 따라 즐거우며
새소리는 듣자마자 즐거웁고
꽃잎은 보자마자 즐거웁다
자나 깨나 젊음은 즐거웁다

그래서
그렇게 빨리 빨리
젊음은
달려가는가 보다

젊음은
기쁨이요, 축복이려니와
사람 따라 마음 따라 오고 감이 다르다 하니

온 세상
젊은이들이여

젊음이
영원하여라!

사랑은 꽃과 같이

사랑은 아름답다 꽃과 같이 아름답다
꽃은 꽃 그대로일 때 가장 아름답듯
사랑도 사랑 그대로일 때 가장 아름답다

사랑은 실재의 경험 속에서만 존재하는 것
사랑은 대신 될 수도, 전달될 수도 없는 실체다
사랑은 만남에서 저절로 와 닿는 느낌이며
스스로 분출하는 자기감정이다

사랑은 그리움이며 반가움이다
사랑은 즐거움이고 아쉬움이다
사랑은 포근한 안정감, 사랑의 감각 속에
현실과 삼라만상이 꿈결같이 흐려진다

사랑은 한없이 보드랍고 가벼우며
티 없이 맑고 찬란하다
따사로운 사랑에는 악인과 선인이 따로 없다

사랑하면 넋이 나가는지 허공에 떠 있는 듯 몸마저 가벼웁고
사랑하면 신(神)이 들리는지 요지경 속 들어간 듯 마음이 신기롭다
사랑하는 중에는 타인들의 얘기는 들어도 들리지 않고
오로지 내면의 자기 소리만 들린다
스스로의 언어로만 해석해서 듣는다

사랑할 때는 체질마저 변하는지
안 먹고, 안 자도 언제까지라도 살아갈 것만 같다
사랑할 때는 성품마저 바뀌는지
미운 것도 없고, 더러운 것도 없다
마음은 마냥 풍요롭다

사랑할 때는 밤낮없이 좋다
보면 보아서 좋고, 못 보면 보고 싶어 좋다
내가 그를 사랑하고, 그가 나를 사랑한다는 느낌만으로도
온 세상은 천국이 된다
나도 모르게 어느새 세상이 아주 바뀌어 버린 것이다

사랑하면 마음마저 아름다워지나 보다
사랑하는 사람의 모든 것이 아름답게 보이고
주변의 사물과 사람들마저 아름답게 느껴진다
하늘이 맑으면 맑아서 좋고, 흐리면 흐린 대로
비가 오면 비가 와서 더 좋다

사랑할 때는 사랑하는 사람과 같이 있기만 하여도 좋다
그냥 같이 있다는 것만으로도 행복하다
말이 있으면 있어서 좋고, 말이 없으면 없는 대로 다 좋다
다정한 속삼임이 있거나 미소라도 지어 주면 더욱 더 행복하다

둘만의 사랑은 하늘의 뜻인 양 서로를 의심하지 않는다
둘만은 영원히 사랑할 것으로 믿어 의심치 않는다
사랑은 본성에서 우러나오는 열망이기에
사랑의 불이 당겨지면 스스로 꺼질 때까지 한없이 피어오른다

사랑은 상상 속에서 너무나 자유롭다
상상의 나래가 온 사방으로 무한히 이어지고
시도 때도 없이 끝없이 펼쳐진다

사랑은 사소한 것일망정 기억 속에 거듭거듭 재생된다
그와 나 사이의 온갖 추억들이 모두 다 귀중하고 생생하다

연인 사이에는 언제까지나 문제될 것이 없는 듯 여겨진다
사랑만 있으면, 이 세상 어디서나 어떠한 문제도 없을 것 같은
확실한 믿음을 갖는다

사랑은 둘만의 오색무지개
타인은 보아도 보이지 않는 아름다운 오색무지개
사랑은 끝을 모르는 듯 피어만 간다

그러나 사랑은 순간의 진리인가? 영원한 환상인가?
어느덧 얼핏 스쳐 가는 한갓 지나침으로 끝나고 만다

모든 자연에 시작이 있으면 끝이 있다는 사실을
잠시 잊었을 뿐이리라
사랑은 한결같이 지속될 수 없는 유한의 실체로 다가온다

아마도 사랑의 고귀함과 그 아름다움은
영속하지 못함에 있나 보다

사랑은 깊이 든 잠이요, 아름다운 꿈이다
사랑의 잠에서 깨어날 때 꿈도 사라진다

아무리 현란한 아름다움도
서서히 깨어나면 안개처럼 서서히 사라지고
갑자기 깨어나면 번개처럼 갑자기 사라진다

사랑의 길이는 자로 재거나 시계로 헤아릴 수 없다
전광석화같이 짧아도 꿈같은 사랑 속에는 영원이 담겨 있고
영겁보다 긴 것 같은 사랑의 꿈도 깨고 나면 순간이 되고 만다

사랑의 잠에서 깨어날 때
꽃잎은 시들음을 맞는다
다만 자연의 섭리 따라
시든 꽃으로 메마른 채 끝나고 마느냐?

꽃 진 뒤 열매 맺듯
연민(憐憫)과 애증(愛憎)을 보담은
일상(日常)의 참사랑으로 다시 시작되느냐, 아니냐?
그것이 다를 뿐이다

사랑의 꽃망울이 피고 펴서 만개한 뒤
철따라 꽃은 시들어도
자연의 순리를 그대로 받아들일 때는
영원히 아름다운 추억으로 남게 된다

그러나 시들음을 인정 않고 영속만을 고집할 때는
추한 모습으로 남게 된다

자연은 미련을 두지 않는다
그래서 자연은 또다시 아름다움을 만들 수 있는가 보다

잠을 깨고, 꿈을 깬 일상의 참사랑만이
비, 바람의 현실 속에서 건강하게 자리 잡는다

아름다운 사랑은 아름다운 꽃과 같이
영원을 탐내지 않는다

사랑은 아름답다
꽃과 같이 아름답다

역사(歷史)를 보라

지나온 세계의 역사를 보라
지나간 민족의 역사를 보라
길게 보라

되풀이되는 인간의 역사를 보라
넓게 보라

확인된 사실을 똑똑히 보라
그리고
깊이 생각하라

그 속에서
삶의 지혜를 찾아라

그 위에서
참된 삶을 살아라

그로써
미래를 밝혀라
더한층 빛나게 미래를 밝혀라

그리하여
언제라도
진리가 스스로 역동하는
역사가 되게 하라!

통일의 합창

외치고
또 외치자!

백두산 천지 위에서, 한라산 백록담 위에서
민족의 염원인 통일이 되었노라고 외치고
동해의 독도에서, 서해의 마안도에서
나라의 숙원인 통일을 이루었노라고 외치자

우리는 지금부터
영광된 조국을 만들어 나가겠노라 농촌과 어촌에서 다짐하고
위대한 나라를 이룩해 나가겠노라 공장과 도시에서 다짐하자

어이하리, 어이하리
그리고 그리던 감격의 만남이 안겨준
기쁨과 환희의 눈물이 흐르고 또 흐름을 어이하며
민족적 심성에서 저절로 우러나는
용서와 화해의 눈물이 흐르고 또 흐름을 어이하리

그토록 애절하게 바라던 만남의 소망이 무너진
절망과 애통의 눈물이 흐르고 또 흐름을 어이하며
마음속 옛 고향의 모습이 덧없이 변해 버려
애타고 허무한 눈물이 흐르고 또 흐름을 어이하리

허망한 이별의 세월이 주고 간 회한의 눈물과
속절없던 만남의 바람이 남기고 간 통한의 눈물을
서로 서로 닦아주자

들어주고 들어주자!
저토록 기막힌 사연들을 들어주고 들어주며
가슴 아픈 애끓는 사연들을 들어주고 들어주자

용서하고 용서하자!
동족상잔 민족의 과거를 깊이 깊이 진심으로 용서하고
사상대립 세계의 과거를 넓게 넓게 아량으로 용서하자

분열과 다툼을 인내와 포용으로 따듯하게 감싸주는
고귀한 지혜를 서로서로 발휘하고
원한과 증오를 사랑과 관용으로 거룩하게 승화토록
진정한 용기를 앞장서서 발휘하자

어제를 돌아보아
우리 마음 잘못된 점 뉘우치고 바로잡고
내일을 내다보아
우리 언행 잘못된 점 뉘우치고 바로잡자

서로에게 이로울 것 하나 없는
오해와 불신일랑 버리고 또 버리며
후손에게 도움 될 것 하나 없는
악의와 경멸일랑 버리고 또 버리자

우리는 이 땅에서 다시는 헤어지지 말자고
호남평야 위에서 다짐하고

우리는 이 땅에서 다시는 헤어지지 않는다고
황해평야 위에서 다짐하자

아집과 편견을 서로서로 바로잡아
밝은 마음, 넓은 마음 나누고 또 나누며
오만과 불손을 서로서로 자숙하여
따듯함과 친절함을 나누고 또 나누자

역사의 길, 먼 길에서
고락도 같이하고 애환도 같이하며
겨레의 길, 큰 길에서
보람도 같이하고 희망도 같이하자

뭉치고 또 뭉치자!
원래부터 그랬듯이 남과 북이 한맘으로
뭉치고 또 뭉치어 세계로 진출하고
누구라도 보란듯이 동과 서가 한뜻으로

뭉치고 또 뭉치어 미래로 나아가자

베풀고 또 베풀자!
아는 것도 베풀고 가진 것도 베풀며 동포애를 발휘하고
어진 마음 베풀고 인간 덕성 베풀어 민족중흥 이룩하자

도웁고 또 도웁자!
동과 서에서 성실과 근면으로 서로 서로 도웁고
남과 북에서 인정과 우애로 우리 모두 도웁자

워싱턴 베이징서 선린과 우의로써 서로 서로 도웁고
모스코바 도쿄서 자유와 평화 위해 우리 모두 도웁자

삼천리 금수강산 아름답고 살기 좋게 내 나라를 가꾸고
한없는 미래희망 튼튼하고 슬기롭게 어린이를 가꾸자

미래사회 문화사회, 전통문화 우리문화 지키고 개발하며

선진사회 과학사회, 첨단과학 우리과학 연구하고 개발하자

학교에서, 일터에서, 해외에서
국민기량 높이도록 서로 서로 마음 합쳐 힘을 쓰며
국가역량 커지도록 우리 모두 머리 합쳐 힘을 쓰자

인간도리 다하여 도덕사회 선진사회 이룩하고
법과 질서 받들어 문명국가 일류국가 이룩하자

참다운 통일은 이제부터다!

예전처럼 누구누구 원망만 하고, 이것저것 탓만 하며
요모조모 따지기만 하면서
제 할 일을 미루고 있을 때가 이제는 정녕 아니다

그야말로 지금부터
국민 모두 진정한 마음의 통일이 될 때까지

남녀노소, 서로서로, 불철주야 각고의 정성을 기울여
혼신의 노력을 다하여 나가자

내가 먼저 화합하고, 오늘부터 화합하며
우리 모두 가슴 열고 호쾌하게 화합하자

길고 긴 분단기간 서로 서로 달라진 것 너무 많아
진정한 마음의 통일까지 시간이 약(藥)일 수도 있으려니
이것저것 한꺼번에 억지통일 시키려고
무리하게 서두르려 하지 말고
더욱더 교류하고, 더욱더 대화하며
더욱더 친해져서 순리롭게 통일하자

언어소통 우선 먼저 진력하고, 법규제도 충실하게 보완하되
오만가지 필요사항 화급하고 당연한 것 아니라면
서로서로 수시 만나 허심탄회 의논하고 다듬어서

몇 해가 걸리어도 진지하게 공감합일 될 때까지
조급히 서두르려 하지 말고
내가 먼저 이해하고, 내가 먼저 신뢰하고
내가 먼저 협력하며 슬기롭게 통일하자

보살피고 보살피자!
장애자, 노약자, 원호대상자 사랑으로 보살피고
극빈자, 재소자, 소외계층 모두를 정성으로 보살피자

인내하고 협조하는 우리 민족 위대한 민족
인내하고 협조하는 우리 시대 위대한 시대
적어도 한 세대(世代) 30년은 서로 인내하고 모두 모두 협조하자

삼천리 금수강산 내 나라를 똘똘 뭉쳐 사랑하고
동방예의지국 우리의 미풍양속 속속들이 잘 살리어
동방의 빛 세계의 등불 되어 여기저기 드넓게 밝혀 나가자

달려가고 달려가자!
광주에서 해주 거쳐 신의주로
생산성 의식주 향상 위해 상쾌하게 달려가고
혜산에서 원산 거쳐 부산으로
인적자원 천연자원 개발 위해 웃으면서 달려가며
부여에서 개성 거쳐 평양으로
과학기술 문화예술 창달 위해 기분 좋게 달려가자

누구든지 어디서나 내가 먼저 마음 열고 어울려서
민족의 동질성을 은근슬쩍 무심결에 회복하고
나라의 일체감을 두루뭉실 무리 없이 회복하자

증명하고 증명하자!
우리 모두 일등 국민, 위대한 국민 되어
말로만 바라던 통일이 아니었음을 실천으로 증명하고
우리 모두 선진 국가, 위대한 나라 키워
모두가 바라던 통일이 이것임을 사실로써 증명하자

정직하고 정직하자!
반만년 역사 깊은 나라답게 어디서나 당당하게 정직하고
훌륭하고 예의바른 국민답게 언제나 앞장서서 정직하자

나가고 또 나가자!
희망의 미래 찾아 오대양 육대주로 넓게 넓게 나아가고
영명한 후손 위해 태양계 대우주로 멀리 멀리 나아가자

한반도 동서남북 진심으로 마음 모아 서로 돕고
한반도 모든 민족 진심으로 힘을 모아 서로 합치면
나라의 꿈, 우리의 꿈, 선진 국가, 일등 국민
모두 모두 가능하다 자신 갖자

감사하고 감사하자!
오늘에 살아감을 감사하고 이 땅에 살아감을 감사하며
통일을 도와주신 이웃에게 감사하고
후손을 보살피신 조상님께 감사하자

기도하고 기도하자!
온 누리에 은총 자비 충만토록 정성들여 기도하고
모두에게 건강 행운 충일토록 매일매일 기도하자

전국 방방곡곡에서
우리 다함께
다짐하고 다짐하자!

백성의 가난굴레 영원히 벗겠노라
굳게굳게 다짐하고
나라의 평화와 안녕을 영원히 지키겠노라
깊이깊이 다짐하자

산고을에서 서울 벗에게

비 그친 간밤에
개구리 맹꽁이 합창소리 너무나 지극하여
늦은 잠이 들었는데

어느 사이

새벽이 오는 줄 수탉이 제 먼저 알고 소리치니
뒤따라
눈부신 아침햇살 동창 두드려
깊은 잠 절로 깼네

보리밥에 물 말아서 열무김치 된장찌개 한술에 꿀떡한 뒤
베잠방이 모시적삼 넉넉하게 걸쳐 입고
밀짚모자 살포시 눌러쓴 뒤
낫과 호미 삼태기에 챙기어 사립문 나서려니

산뜻한 풀내음, 흙내음에 코가 찔려 아픈 중에
담장에는 호박꽃이 한창이고
길가엔 옥잠화, 무궁화가 만발하니
눈이 부셔 눈을 뜰 수가 없네 그려

들 공기, 산 공기 맑디맑아
숨이 콱콱 막혀 오고
바윗골 샘물 맛이 너무 차서
혓바늘이 다 돋았네

앞 논에 출렁이는 초록융단 바라보니
내 맘속엔 평화가 넘쳐 흘러 아깝기가 그지없네

자네들도 이젠 가끔

시끌벅적 서울에서 아둥바둥 아귀다툼 그만하고
고요청정 산골에서 유유자적 신선놀음 안 하려나

빈손 들고 오기 뭣함
약주나 한 통 메고 오게

우리 함께 어울려서
한두 이랑 김을 맨 뒤

느티나무 그늘 아래
평상 위에 둘러앉아

풋고추와 오이 몇 개 곁들여서
정담을 안주 삼아

오랜만에
인생을 반추하세

허사비 마음

질편한 들녘을 바라보며
논배미 한가운데 양팔 치켜들고
덩그러니 서 있는 허수아비

주인어른 정성 들인 한 해 농사
가을추수 하기까지
날도둑놈 지키라고 신신당부 받은 터라

허사비 몸 값 하랴 옷 값 하랴
밤낮없이 잠 안 자고 지켜 서서
자기 소임 다해 보네

시도 없고 때도 없이 찾아오는
참새 가족

허사비 부임하신 처음 며칠
허사비 체면 봐서 얼씬도 안 하다가

안부차 겸해서 슬금슬금 눈치 보며 한두 마리 오가더니
얼마 안 가 대가족이 벌떼처럼 몰려드네

이거 어디 답답해서 허사비 해먹겠나!

무심하신 주인어른
팔다리는 묶어놓고 두 눈은 가려 놓은 채 입마저 봉해 놓으니
주인어른 돕고 싶은 허사비 마음이 굴뚝인들
무슨 수가 있을소냐!

허사비야 허사비야 불평한들 무엇하랴
이왕지사 멋쩍게 서 있느니
마음이나 비워 두렴

참새들도 때가 되면
돌아갈 적 있으리라

3부

님이시여!
이를 어찌 하오리이까?

그래도 그래도, 님 다시 그리며
오늘도 오늘도, 님 다시 그리며
못다 한 아쉬움 자락이나마
달래고 달래 보는 이내 마음

비

보슬 보슬 감미로운 봄비는
온 누리에 생명(生命)을 내리고 꿈을 심으며

쭈룩 쭈룩 싱그러운 여름비는
온 산야(山野)에 기운(氣運)을 내리고 꿈을 키운다

추적 추적 담백한 가을비는
온 대지(大地)에 추억(追憶)을 내리고 꿈을 거두며

푸슬 푸슬 황량한 겨울비는
흰 눈(雪) 되어 온 들녘에 적막(寂寞)을 내리고

새 봄을 맞으려 아름답게 사계(四季)를 마감한다

추모(追慕)

님이시여, 님이시여!
영영 돌아오시지 못할 머나먼 그 길을
님은 정녕 떠나셨나이까?

님이시여, 그리운 님이시여!
님 떠나가신 지 오래건만
못내 님 그리워하는 이내 마음
어찌 하오리이까?

님께서 그토록 머나먼 길 가시기 전에
사모하는 이내 마음 줄줄이 알려 드리고
가까이 더 가까이 섬기고 싶은 이내 마음
낱낱이 보여드려야 하였거늘

왜 이다지, 왜 이다지
많이도 남겨 두어 못다 한 아쉬움만
이토록 크오리이까?

따뜻했던 님의 마음 지금 새삼 더 느껴지고
아름답던 님의 추억 이제 새삼 더 기억되니
안타까운 이내 마음 이를 어찌 하오리이까?

이제 와서 가신 님 그리움에 못내 겨워
아쉬움을 달래 본들 무엇하며
아쉬움이 넘쳐 넘쳐 슬픔이 되고
슬픔이 쌓이고 쌓여 아픔이 될지언정
행여나 풀릴 길 없사오니
님이시여! 이를 어찌 하오리이까?

그래도 그래도, 님 다시 그리며
오늘도 오늘도, 님 다시 그리며
못다 한 아쉬움 자락이나마
달래고 달래 보는 이내 마음

아직도 식지 않은 님의 정 간직한 채
아쉬운 마음자락 두 팔로 꼬옥 껴안고
다독 다독 슬픔을 삭이오리다
가슴 깊이 곱게 곱게 퍼지도록 삭이오리다

님이시여, 그리운 님이시여!
머나먼 구천(九泉)의 세계에서
편히 잠드시옵소서

부디 부디
편히 잠드시옵소서!

터널 끝은 어드멘가

이제나 끝나려나, 저제나 끝나려나?
아무리 목 빠지게 기다려도
터널은 끝이 없네

어이하여 터널은 이다지 길고도 답답한가?

언젠가 터널을 벗어나면
그때부터 바야흐로
애타게 기다리던 행복은 시작되겠지

임진왜란 병자호란 거슬러 갈 것 없이
한일합방 망국 후의 치욕스런 그 시대에
해방되고 독립되면
행복천지 전개된다 모두들 믿었은즉
나라 찾은 해방의 기쁨 뒤에
행복하게 오손도손 지내면서
그야말로 너나없이 합심하여 극일(克日) 노력하였던가?

동서(東西) 간 냉전 속에 남북(南北) 간 사상 대립
급기야 6 · 25동란으로 동족상잔 처참하니
하루빨리 이 전쟁만 끝나면
평화통일 잘 되리라 믿었는데
부모형제 생이별만 시켜 놓고
철천지한 원수처럼 긴긴 세월 갈라서니
강대국 틈새에서 한나라 한겨레로 거듭나는 시련이
참으로 모질기는 모질구나!

천년만년 넘지 못한 보릿고개
'우리도 한번 잘 살아보자'고
명군(名君)의 선도(先導) 따라 남녀노소 불철주야 협동하여
새마을을 이룬 덕에 보릿고개 잊은 지가 얼마라고
이미 벌써 '우리'는 까마득히 잊어먹고
그저 '나'만 잘살려고 걸신들이 들려 있네

국민소득 100불 시대 지나면서
까마득한 1,000불 소득 모두의 염원되어
애오라지 1,000불만 되고 나면 천지개벽 되는 줄로 믿었는데
어느 사이 5,000불 지나 성큼성큼 10,000불이 넘게 되어도
행복하단 느낌보다 아쉬움만 턱에 차서
20,000불 넘나들며 30,000불을 바라보네

세탁기, 냉장고에 컴퓨터와 칼라TV 갖춰 놓고
에어컨만 설치하면 그런대로 문화인이 되는 줄로 알았는데
너도나도 자가용 못 가져서 안달복달 애를 끓고

자가용 갖고 나면 불편 부족 모두 다 없어질 줄 알았으나
이래저래 생활비는 늘어나고, 여기저기 주차난과 교통체증
갈수록 대기공해, 난폭운전 증대하니
체면도 불구하고 길에 대고 투덜대네

새벽 일찍 일어나서 밥 짓고 반찬 하고 도시락 싸고 나서 상 차리고
설거지 하자마자 연탄 갈고 빨래한 뒤 청소하고
잔주름 흘겨보며 대충대충 화장하고
어슷비슷 이웃집에 마실 가서 왁자지껄 수다 떨다
잔걸음에 시장을 보고 와서
김치 담고 빨래 걷어 다림질 마친 뒤에
아이들 간식거리 저녁거리 준비하고
과제물 챙겨준 뒤 저녁상 치우면서
연속극 한 편 후닥닥 보고 나니
어느새 하루가 숨 가쁘게 다 지났네
쥐꼬리 봉급 속에 수레바퀴 돌듯 하는 긴긴 터널 언제나 벗어날꼬?

젖먹이 어린아이 후딱 커서 제 손으로 밥 먹으면
한숨 놓을 줄 알았다가
제 손으로 밥 먹기 시작하자
개구쟁이 노릇 하며 천지사방 부산을 떠는 통에

어서 빨리 학교 가면 그때 가서 편해지리 여겼으나
학교를 가고 나니 남에게 뒤질세라
숙제를 도와주랴, 과외공부 채근하랴
엄마마저 덩달아 같이 뛰네

이제 제발 대학에만 붙어 주면
그때부터 맘고생은 끝나리라, 끝나리라

그도 잠깐
무사히 군(軍) 복무를 마쳤으면…
유망한 직장에 취직만 되었으면…

어느 사이
맘에 드는 좋은 신랑, 좋은 신부 맞이하여
시집 장가 보낼 걱정
웬 걱정이 이다지도 쉴틈없이 맴을 도나?

그래 그래
이 고비만 잘 넘기면
이젠 정말 큰 시름 모두 모두 내려놓고
편한 세상 맞겠거니 여겼는데

시집 장가 보내 놓고 한숨 돌린 지 얼마라고
며느리 비위 맞춰 주랴, 딸네 김치 담가 주랴,
젖떼기 손자손녀까지 돌봐 주랴
늘그막에 이일 저일 줄줄이 덩굴째 엮여 오니
'갈수록 태산'이라 어느 누가 말했더냐?

평균수명 짧던 시절 환갑(還甲) 되면
그야말로 동네방네 회갑잔치 성대하게 치렀으나
경제와 의술 발달하고 위생과 영양 개선되며
평균수명 늘어나자
옛날부터 '인생 칠십 고래희(古來稀)'라 하였다며
고희(70)를 진심으로 축하한 지 엊그젠데

어느 사이 희수(喜壽: 77) 지나 팔순(八旬) 넘어
미수(米壽: 88)는 당연한 듯 여기면서
'구구 팔팔 이삼 사!'가 자리마다 회자(膾炙)되니
진갑동이는 너무 어려 내색조차 못하고 슬그머니 해외여행
고희 돼도 저녁이나 같이하잔 말 꺼내기 쑥스러워
희수로 팔순으로 어물쩍 미뤄 가며
'인명(人命)은 재천(在天)'이라 입버릇 하면서도
이미 벌써 망수(望壽: 91) 지나 백수(白壽: 99)까지 속셈들 하는 티가
아무래도 조만간에 차수(茶壽: 108) 넘어 천수(天壽: 125)까지
힐끔힐끔 넘보겠네

수명 따라 늘어나는 각종 질환, 노후생활 염려 속에
이런 저런 부음(訃音)을 듣자 하니
장수(長壽)가 바란다고만 될 일이며
걱정만 한다고 무병(無病)할까마는
오래 오래 사는 것이 누구나 다 좋기만 한 것은 아닐지라도
자고이래(自古以來)로 무병장수는 모두의 소원이 아니런가!

오매불망 국회의원 한 번만 당선되면
평생에 여한이 없을 줄로 굳게 믿고
있는 돈 없는 돈 몰아넣어 천신만고 치른 끝에
아슬아슬 당선 기쁨 잠시잠깐 사라지고
어느 사이 재선(再選) 걱정, 삼선(三選) 욕심 눈앞에 아른대니
대통령은 단임(單任)에 묶어놓고
그 많은 수(數)가 선량(選良)을 한없이 하려 함은

국리민복, 권선징악, 정책국회,
책임정치, 대의정치, 봉사정치 진심으로 하렴인가?
이권개입, 파벌난투, 무능국회,
즉흥정치, 자의정치, 직업정치 계속해서 하렴인가?

이 옷 사서 입어 보면 남들 입은 저 옷이 예뻐 뵈고
다른 옷을 또 사 보면 고르다가 안 산 옷이 두고두고 아쉬우니
이 일을 어찌하랴?
옷은 대체 몸에다가 입는 건가, 마음에다 입는 건가?

병(病) 들어 아프고 걱정될 땐
세상만사 뭐니 뭐니 따져 봐도 건강이 제일이니
고통스런 이 병만 낫게 되면
어지간한 근심 걱정 모두 잊고
매일 매일 즐겁게 마음 편히 지내련다 하였는데
완쾌된 지 얼마라고 또다시 일상(日常)에 폭 빠져서
별일도 아닌 것에 아옹다옹 시비하고
별수도 없는 것에 공연스레 속앓이를 앓고 있네

터널이 가도 가도 끝도 없이 길다 보니
믿음과 수도(修道)를 바탕으로
신도(信徒)와 중생(衆生) 교화하고, 선남선녀 선도하는
수녀님, 승려님, 목사님, 신부님은
언제나 평정(平靜)한 항심(恒心)으로 계시는지?
문뜩 문뜩 궁금함도 품어 보고

어쩌다가 힘든 고비 끝나든가, 좋은 일 생기며는
해방감과 만족감에 잠기어서
그 마음이 영원히 지속될 줄 여겼으나
며칠 사이 슬그머니
또다시 터널 안에 들어있는 자기를 발견하네

어차피 인생살이 터널의 연속이라 누구라도 피할 수 없다면
바로 지금 있는 곳이 사실은 천국이란 말 있듯이
이왕지사 그 속에서 요지경 속 구경하듯
흥미롭게 즐겨 보면 좋으련만
그게 그리 쉬우런가?

땀 흘려 농사지어
어렵사리 천석꾼이 되었노라 흐뭇한 마음으로
장죽을 입에 물고 느긋하게 뒷짐 진 채 행길가에 나섰는데
건너 마을 만석꾼이 가마에 올라앉아
곰방대 거머쥐고 거들 거들 지나감에

자기도 모르는 사이 심사(心思)가 뒤틀리니
예부터 지족(知足)이 제일부(第一富)라 하였건만
아무것도 몰랐으면 만족인 걸 비교해서 불만인가?
만족이란 무엇이고, 불만이란 무엇이냐?

한의사(韓醫師) 형, 양의사(洋醫師) 형 웃는 날에
약사(藥師) 동생 서운하고
약사 동생 웃는 날 의사 형 서운하던
한약분쟁(韓藥紛爭), 의약분쟁(醫藥紛爭) 있던 때에
울지도 못하시고 웃지도 못하시던 부모심정 답답하고 착잡하니
기쁨은 무엇이고, 슬픔은 무엇이냐?

행복불행, 기쁨슬픔, 만족불만…
도대체 기준은 무엇이고, 잣대는 어느 거며, 재기는 누가 재나?
입법으로 정할 건가, 투표로써 정할 건가?
제 위주로 기준 세워, 제 나름의 잣대 잡고, 제 스스로 재고 사니
모든 것이 제 맘에 달려 있나?

하기야 어제 마음 다르고, 오늘 마음 또 달라서
어느 것이 진정한 제 맘인지 자기도 모를 때가 많지마는

선현(先賢)의 말씀 중에
'일체(一切)가 유심조(唯心造)'라
세상만사 모든 것이 마음먹기 달렸다고 하였음은
우주만물 삼라만상 그 모두가
끝없는 순환과 변화 속에 있을지라도
실상(實狀)은 다같이 하나임을
스스로 밝혀 가라 일러준 뜻 아닐는지?

아마도
산과 계곡 따로인 듯 하나이고
불만과 만족, 행복과 불행도 하나이며
만남과 헤어짐, 삶과 죽음도 하나라면
터널 안이나 밖이나 따로인 듯 하나일 터인데

제각각 따로 뵈니
그게 바로 문제가 아니런가?

무릇 범인(凡人)일망정
하나 됨의 진리를 깨우치고
하나 속의 참마음을 찾아볼 수 없으런가?

본래 마음 참마음 알아내어 참삶을 살아 보려
몇 날 며칠 밤낮으로 가부좌(跏趺坐) 틀고 앉아
온갖 정신 집중하여 암중모색 해봤으나

정성이 모자란지
잠시잠깐 졸았는지
보일 듯 말 듯 하던 참마음은 어딜 가고

아뿔싸,
어느 틈에 답답한 터널 안에 또다시 들어섰네

속세(俗世) 간에 행복 찾아
천리만리 사방팔방 허상(虛像) 속에 방황하던 습관이 몸에 젖어
기껏해야 6척(尺) 안 어딘가에 들어 있을 참마음 몰라보고
둘레 설레 외방(外方)만 헤맸구나

세월의 급류(急流) 따라 허둥지둥 덤벙대고
세태의 탁류(濁流) 속에 어설프게 첨벙대며
끝없는 욕망의 심연(深淵)에 푹 빠져서 허우적대던 차에
늦게나마 참삶이 또다시 소원되어
조석(朝夕)으로 정성 들여 참마음을 찾자 하니

마음의 헛간 속에 빽빽이 들어 있는
오만 가지 잡동사니 상념(想念)들이
저마다 참마음인 양, 진리인 양 오락가락하는 중에
시나브로 순진무구(純眞無垢)하고 순수청정(純粹淸淨)하여
참마음인 듯 느껴지는 명정(明淨)한 평심(平心)이 눈에 띔에

옳다구나! 이거로구나 짐작되어
가만가만, 조심조심 다가갔으나
떡 본 김에 제사 지내듯
단김에 벗 삼으려는 탐심(貪心)을 들켰는지
어느 틈에 제가 먼저 지레 알고
번개처럼 감쪽같이 사라지네

오롯이 갈무리 못한 아쉬움 품어 안고
터벅터벅 낯익은 터널 속을 또다시 걸어가며
곰곰이 생각하고 생각하니

미상불
언제 어디서나 모든 것이 터널인 줄로만 여기고 살아온
제 눈으로 터널 밖을 보아본들
사실 거기가 터널이 아닌 줄은 어찌 알랴?

하물며
제 마음만 생각하느라 남의 마음은 헤아리지도 못하면서
본래 마음 참마음을 발견한들
그 또한 무슨 수로 알아볼 수 있겠는가?

차라리
이런 생각, 저런 생각 다 버리고
아무런 생각 없이
자유롭게 무심 속을 걷고 싶네

터널이야 있건 없건
끝이야 어드메건
그저 그냥
발걸음 가는 대로
자유롭게 무심 속을 걷고 싶네

있는 그대로

스스로 최선은 다하되

있는 그대로의 현실과 평화롭게 함께하는 데
족(足)함이 있고

있는 그대로의 친구와 평화롭게 함께하는 데
우정(友情)이 있으며

있는 그대로의 배우자와 평화롭게 함께하는 데
부부의 화목(和睦)이 있듯이

있는 그대로의 자기 자신과 평화롭게 함께하는 데
진정한 행복(幸福)이 있으리라

이보시오 나그네 양반, 그렇지 않겠소?

이보시오 나그네 양반
다음의 저 세상이
괴로울 것이라고 생각된다면
지금의 이 세상에서야말로 감사한 마음으로
마땅히 즐겁고 뜻있게 살아야 하지 않겠소?

이보시오 나그네 양반
다음의 저 세상이
즐거울 것이라고 믿는다면
지금의 이 세상에서부터 감사한 마음으로
으레이 즐겁고 뜻있게 살아야 하지 않겠소?

이보시오 나그네 양반
다음의 저 세상이
있는지 없는지도 모를 뿐만 아니라
다음의 저 세상이 있다 하여도

괴로운지 즐거운지조차도 짐작할 수 없다면
지금의 이 세상에서나마 감사한 마음으로
당연히 즐겁고 뜻있게 살아야 하지 않겠소?

이보시오 나그네 양반, 그렇지 않겠소?

그렇다면
그대 나그네가 살고 있는

바로 지금
그리고 바로 여기가

그야말로 즐겁고 뜻있게 살아야 할
시간과 장소가 아니겠소?

이보시오 나그네 양반! 그렇지 않겠소?

코스모스 꽃길 따라

하늘하늘 코스모스 꽃길 따라
가을이 다가온다
상긋 방긋 웃으며
가을이 다가온다

코스모스 꽃길 따라 아스라이 추억 맴돌고
코스모스 꽃길 따라 임의 향훈
살랑 살랑 감미롭게 감아 돈다

꽃길 따라 저만치 저만치서
가을이 다가온다
산들 산들
가을이 다가온다

만추 단상(晩秋 斷想)

어제저녁 죽마고우 칠순잔치
우애어린 정담 속에 한턱을 잘 먹어서
아직도 든든 터에
산뜻한 가을 향취 온몸에 와 닿으니
그 기분 상쾌하기 그지없네

저기 저기 푸른 하늘
가을 아니 여길세라 한없이 드높은데
온 사방에 낙엽이 켜켜이 쌓여 가니
그대 마음 하늘에 닿았는가
낙엽에 가 있는가?

울긋불긋 만산홍엽(滿山紅葉) 단풍절경 현란(絢爛)하고
황금빛 은행잎 찬연히 아름답듯
긴긴 세월 무르익은 그대 기품(氣稟) 깊고 깊게 미려(美麗)하며
그윽하게 피어오른 국화 향기 은은하듯

속세(俗世) 간에 갈고 닦은 그대 품성(品性)
두루두루 원만한가?

가을 하늘 청명하듯
세상천지 청탁(淸濁) 속에 혼전(混戰)하던 그대 기상(氣像)
여전히 청신(淸新)하며

봄 나고 여름 거쳐 가을로 이어지는 삼계(三季) 중에
오곡백과 결실 맺듯
인생의 노정(路程)에서 사랑으로 맺은 열매
알알이 옹골지게 거두기는 하였는가?

과동(過冬)을 앞에 두고
모든 외물(外物) 남김없이 다 버리고
나목(裸木)으로 동면(冬眠)하듯
명리(名利)와 탐욕(貪慾)을 미련 없이 훌훌 털고
그대 마음 깨끗이 비웠는가?

그도 아님
만물의 영장(靈長)임을 스스로 자긍(自矜)하며
무지몰각(無知沒覺) 어두운 곳 고루고루 밝혀 주고
빈한(貧寒)하고 병약(病弱)한 자(者) 후덕하게 후생(厚生)은 하였는가?

저도 아님
잡초 같은 인생이라 괜스레 자탄(自嘆)하며
천상천하 유일무이(唯一無二) 귀한 일생
허송(虛送)한 셈 치려는가?

그나저나
늘그막에
그대 한 몸 자연스레 오롯이 끝맺도록
건강일랑 매일매일 지성껏 돌봤는가?

꿈결 같은 세월 속에
어느 사이 중년 지나 장노년을 넘나드니

살아생전 부모님께 효심 어린 치사랑은 회한(悔恨) 없이 해봤으며
백년가약 부부 간에 애정 어린 참사랑은 얼마만큼 나눴는지
돌아보지 않으련가?

가없이 수려한 가을 풍치 온 누리에 풍성하듯
온갖 고뇌(苦惱)와 깊은 성찰(省察) 속에
조금은 넉넉해진 그대 심상(心想)
남은 앞길을 둘레둘레 푼푼히 살펴봄은 어떠련가?

맑디맑은 가을하늘 물끄러미 바라보며
마음도 저토록 청정하게 정화(精華)할 수 없으려나 생각 중에
불현듯이 떠오르는 상념(想念) 하나

멀지 않아 남북이 통일되어
겨레가 융화되고 나라가 흥성되는
백주몽상(白晝夢想)이 현연(現然)하게 떠오르니

역사의 필연 속에
기막힌 우연들과 지극한 인위(人爲)가
절묘(絶妙)하게 합취되어
기적(奇蹟)이 돌발(突發)하기를

가을 정기(精氣) 흠뻑 받으며
진심으로 기도하리

4부

역사의 어제를 뒤돌아보고, 나라의 내일을 내다볼 때
남북이 통일되는 오늘은 억만 년 역사에 아로새길
참으로 감격스러운 날이요, 정말로 뜻 깊은 날이다

여인송

신안군 압해도 선착장, 카페리호에 차를 대고 뱃길 나서며
이리저리 고개 돌려 보니 온 백방(百方)이 천(千)섬으로 둘려 있네

섬, 섬, 섬

50년 지기(知己)들과 선창 난간에 기대서서
맥주 한 캔씩 들어 건배를 하는 사이
풍광(風光) 좋은 자은도(慈恩島)에 다다라, 숙소에 여장 푼 뒤

소나무 울창한 분계해수욕장 저녁 산책을 나서는데
고기잡이 먼 길 떠난 남편을 애타게 기다리던 아낙네
낙락장송(落落長松) '여인송(女人松)' 되어 수백 년을 한결같이
처연하게 물구나무 선 채로 여인송(女人誦) 읊는 소리

"여보 당신, 모진 풍랑에 행여 뱃길 잃지 말고 부디 어서 돌아오오. 우리 낭군 무사귀환 기원하며 내 이리 부끄럼 무릅쓰고 나신(裸身)으로 나와 있소. 폭풍 속에서도 내 모습 떠올리며 정신줄 놓지 말고 힘을 내오. 여보 당신, 보고 싶소…."

송림(松林) 울리며 바다 멀리 애처롭게 퍼져 나가는 듯싶구나

바다는 잔잔하고 백사장 단단하니
앞뒤로 한 마장 길이로 두 마장 한 바퀴 빙 돌아
오랜만에 동심 어려 저절로 어깨동무 둘러서서
드넓은 바다 위로 옛 노래 두세 가락 되든 말든 목청껏 휘날린 뒤

가을 밤하늘 휘영청 밝은 둥근달과 총총한 별들을
하염없이, 말없이 바라보며
옛날 생각, 가족 생각 고루고루 즐겁게 펼쳐 보네

세월이 지난들 아름다운 저 정경(情景) 변함이 있으련가!
벗들아, 노년건강 잘 챙겨 10년 후에 또 와 보세!
가는 길에 박물관 남농 수석(壽石), 유달산 조각공원 한 바퀴 둘러보고
목포 북항 횟집에서 한상 푸짐하게 받아 놓고
반주 곁들여 우정을 나눠 보세!

먼 옛날

먼 옛날, 그토록 기다려지던 먼 훗날이
바로 오늘이려니와

그 오늘, 그 옛날이
이토록 그리워지게 될 줄이야

혹여나 다시 태어난다면

나날을 망설임 없이
심신을 아낌없이
모두 불태워

그리움을 더욱 더 진하게
진하게 하리라

그리움

그리움이
세월 따라
아쉬움만 남더라도

나는
오늘도

못내
그리워하며 살리라

통일, 이날의 의미

남북이 통일되는 오늘은
더없이 가슴 벅차게 감격스러운 날이요
참으로 뜻 깊은 나라의 잔칫날이다

어느 날 갑자기 분단(分斷)된 것 아니듯이
오늘 갑자기 통일(統一)된 것 그도 아닐지라도
남북통일은 분명 오늘로써 성취되었고
동시에 진정한 통일은 오늘부터 비롯될 것이다

천년(千年)보다 훨씬 이전
동북아(東北亞)에 융성(隆盛)하던 크고 강한 나라에서
기나긴 세월 동안 안팎의 힘이 변해
점차로 닫힌 나라, 약한 나라 되어 가다

이웃나라 분수 모른 야욕(野慾) 속에 휘말려서
쇠잔(衰殘)의 지경까지 몰리어 가던 차에
세계대전 승전세력 힘입어 다행히 소생(蘇生)은 되었으나

좌우 양극 틈새에서 불행히도 남북으로 나뉘어져
통합을 모색 중에
허상(虛像)에 눈이 팔린 분별없는 작란(作亂)으로
동족상잔(同族相殘)과 왕래불통(往來不通)의 비극(悲劇)까지 겪은 뒤에
한쪽부터 경제자립, 민주자유 이룩하며
국운(國運)을 회복시켜 오던 중에

반도(半島) 안팎의 변화(變化)와 천심(天心)에 힘입어서
이제 다시 본래 나라 한 동포로 어울리니
감개가 무량하고 또 무량하다

남북이 통일되는 오늘은
남과 북을 둘러싼 열강들의 대치(對峙) 속에서
인고(忍苦)의 세월을 견디며
스스로 힘 키워 자기 몫 다해 나가기 시작하는
자주(自主) 독립일(獨立日)이요

세계사 속에서 또 하나의 선진강국으로 새롭게 태어나
긴긴 세월 홍성(興盛)토록 명운(命運)을 타고난
새 나라의 생일(生日)이다

온 나라와 온 국민이
희망과 믿음과 화합으로
새롭게 태어나는 축복받은 생일이다

남북이 통일되는 오늘은
겨레의 훌륭한 심성과 위대한 정신이 한없이 발현(發顯)되고
다양한 민족의 능력과 우수한 자질이 널리 널리 발휘(發揮)되며
백성과 더불어 나라 번영이 영원히 발흥(發興)되어 감을 경하하는
경축일(慶祝日)이다

남북이 통일되는 오늘은
국내외 8천만 동포 모두 진정으로 뭉쳐서
사랑과 희생으로 동포끼리 서로 돕고, 인류끼리 서로 돕는

홍익인간(弘益人間) 개국정신(開國精神)
나라 안과 밖에 골고루 펼쳐 나가게 될 것이다

우리 모두 한 걸음 더 나아가
민족과 국경, 종교와 언어를 슬기롭게 뛰어넘어
더욱 더 살기 좋은 시대, 살기 좋은 세계를 앞장서서 만들 줄 아는
훌륭한 세계인이 되어 가는 참다운 혁명일(革命日)이다

이곳 통일 한마당 안에서
반백 년도 훨씬 넘은 분단의 아픈 상처
반백 년 가까이 더 걸리더라도
우리 함께 정성 모아 치유하여 잘 아물게 하자!

치유의 고통이 분단의 아픔보다는 훨씬 덜할지라도
통일국민 모두의 인내와 희생과 헌신이 요구될 것인즉
더없이 막중한 민족의 과업이요, 역사적 필연으로 알고
기꺼이 감수(甘受)해 나가자!

한 가정의 가풍(家風)과 개인의 인격을 바로 세우는 데도
3대(代)는 걸린다 하는데
하물며 한 나라가 지나온 반만 년 기나긴 여정(旅程)에서
또 한 번 반만 년 기나긴 여정으로 이어져 가는 길에
국권상실과 회복, 내전과 분단, 개혁과
개혁과 통일의 국난(國難)과 격변(激變)을 겪으면서
국력을 키우고, 국위(國威)를 바로 세워
막강지국(莫强之國)을 이룩해 내는
단련의 시기이며, 역사의 뜻이라면
백 년이 그렇게 긴 것만은 아니리라

그 길 위에 서 있는 오늘의 우리네들
역사가 선택한 세대(世代)로서
그 참뜻 헤아려 합심 협력한다면
자손대대 조상들의 공헌(貢獻)을 칭송하고 감사히 생각할 것이며
그들도 서로서로 도와주고 보살피는 복된 나라 이루어 나가리라

오늘 통일의 진정한 의미는
이 좁은 땅에서, 이젠 정말
동서남북 반목질시(反目嫉視) 과감(果敢)하게 청산하고
국민모두 융화협력(融和協力) 충심(衷心)으로 하는 데서
찾을 수 있으리라

아무런 영문도 모르고 희생된 백성의 원한이 그 얼마이며
아무런 죄 없이 고통 받은 동포의 아픔들이 그 얼마더냐?
세월이 아무리 흐른들 이를 어찌 잊으랴마는
어찌 또한 되밟아 가야만 하겠느냐?

오늘은
지하에 계신 순국선열(殉國先烈)과
국내외 전재고인(戰災故人) 모든 분께 명복(冥福)을 빌고
나라와 겨레의 통일 못 보시고 저승으로 떠나신 조상님들 모두에게
평안을 기원하는 기도일(祈禱日)이다

이제 우리 부자유와 불안감을 훌훌 털고
비리와 편파를 바로잡아
너나없이 창의와 근면으로 풍요와 번영을 이룩하고
책임과 질서로 자유와 평화를 확립토록
이심전심 혼연일체 다 같이 분발하는
새날이 되게 하자

남북이 통일되는 오늘은
그동안 축적된 남북 특성과 에너지가 훌륭하게 합성되고 증강되어
바야흐로 우리나라가
세계 발전의 기축(機軸)이 되어 나가는 날 분명하니
세계 속에 으뜸가는 나라로 일어서는 창건일(創建日)이다

역사의 어제를 뒤돌아보고, 나라의 내일을 내다볼 때
남북이 통일되는 오늘은 억만 년 역사에 아로새길
참으로 감격스러운 날이요, 정말로 뜻 깊은 날이다

빛과 그리고 눈

어둠이 가득한 우주 여느 곳에 태양으로 빛을 밝혀 주시고
수많은 생명들이 두 눈으로 온갖 사물을 보게 하심은
신(神)의 무한한 은총이려니와

파아란 하늘 아래 두둥실 떠도는 뽀오얀 뭉게구름 쳐다볼 수 있음은
높디높은 영광이요
물너울 넘고 넘어 한없이 펼쳐진 드넓은 망망대해 바라볼 수 있음은
넓디넓은 즐거움이다

눈부신 아침햇살 풀잎 끝에 맺힌 영롱한 아침 이슬엔
생(生)의 찬미가 고즈넉이 들어 있고

함박눈이 포근히 내려앉은 광활한 산야 위엔
순백의 찬탄이 널리 퍼진다

들에 핀 저 아름다운 색색가지 꽃들을 보라!
밤하늘에 반짝이는 저 무수한 별들을 보라!

그 모두가 삶의 감격이 아니런가?

빨강, 주홍, 노랑, 초록, 파랑, 남색, 보라 빛깔이
신선하게 서려 있는 찬란한 무지개는
나들이 나온 신(神)의 옷인 양 아름답기 그지없네

자애로우신 어머님의 따뜻한 미소
사랑스러운 아내의 정겨운 미소와
천진난만한 아이들의 해맑은 미소를 볼 수 있음은
이 또한 삶의 기적이 아니런가!

오로지
이토록 밝은 빛과 맑은 눈을 주시고
저토록 무한한 자연의 아름다움을 베풀어 주신
신(神)의 슬기와 자비에
감복하고 감복하며
진심으로 감사드린다

숲속을 거닐며

숲속을 거닐며
자연을 마신다
듬뿍 마신다

온 누리는 고요에 잠기고
이 나무 저 나무로
산새들 노래하며 나를 반겨주는데

내 마음도 모르고 깜짝 놀란 다람쥐
줄달음질 치는구나.

숲속을 거닐며
시간을 잊는다
나를 잊는다

마냥 잊는다
아, 좋구나!

아름다움

큰 병(病)을 '앓음 다음'의 모습에서
'아름다움'이란 말이 나와
앓은 다음 다시 바라보는 세상을
아름답다고 하였듯이

크나큰 고통을 겪어 낸 다음에 맞이하는
세상사(世上事)
그 모두 행복이려니

남북분단(南北分斷)의 모진 슬픔과 아픔들을
평화통일로 슬기롭게 완쾌시킨 겨레의 모습은
참으로 아름답고
온 백성들이 다함께 맞이하는 새로운 세상은
정녕 행복하리라!

세상맛

세상만사(世上萬事) 만인만물(萬人萬物) 장단(長短)이 뒤섞이고
각양각색(各樣各色) 세상살이 오욕칠정(五慾七情)이 뒤섞여서
세월 따라 인연 따라 얼키설키 흘러 흘러 가는 중에

단맛, 쓴맛, 신맛에 짜고 매운맛은 물론이려니와
살맛에서 죽을 맛까지
싫든 좋든 이 맛, 저 맛 골고루 맛보면서
오만상(五萬相) 다 지으며 살아온즉

세월이 한참이나 흐른 이제야
취하고 버릴 것이 따로 없음이라 여겨짐은
그 담긴 뜻 어렴풋이나마 짐작이 가렴인가?

대한의 젊은이여

대한(大韓)의 젊은이여!

일찍이
민족이 발상(發祥)하고, 나라가 개국(開國)되어
조상이 자리 잡고 강성(强盛)하게 살던 옛 터전

어찌하다 사연(事緣) 있어
많은 부분 다른 땅 되었지만
저 모두가 우리들 마음의 고향이 아니던가?

2천 년 가까이 다 되어서 옛 땅을 다시 찾은
이스라엘 민족의 정신(精神)과 단합(團合)된 노력을 보라!

진실로
절실한 바람으로 뜻과 힘 모아 가면
사필귀정(事必歸正)의 긴긴 역사 속에
국운 융성기 언젠가는 다시 찾을 수도 있으련만

그나마 백두산(白頭山) 아래로는 자리도 비좁은데
하필이면 그 안에서
동서남북(東西南北)은 따져서 무엇 하려는가?

역사의 대세(大勢) 속에서
젊음의 국량(局量)을 더 크게 키우고
미래의 웅지(雄志)를 더 높게 품어갈 때
무릇 국운(國運)은 누대(累代)로 계속 상승해 나갈지니

대한의 젊은이들이여
더 넓게 보라!
더 멀리 보라!

그리고
마음 모아 큰 뜻을 이루어 보라!